TODO *en* ORDEN

DR. ELMER HUERTA

TODO *en* ORDEN

LO QUE ME GUSTARÍA QUE SEPAS CUANDO YA NO ESTÉ

GUÍA PRÁCTICA PARA PLANIFICAR TU LEGADO

Obra editada en colaboración con Editorial Planeta – Perú

TODO EN ORDEN

Ilustraciones de portada e interiores: @Freepik
Diseño de interiores y portada: Departamento de Arte y Diseño
de Editorial Planeta Perú
Adaptación de portada: Genoveva Saavedra / aciditadiseño
Corrección de estilo: Joan Manuel Doroteo Echegaray
Fotografía del autor: Cortesía del autor

Bajo el sello editorial PLANETA M.R.
Avenida Presidente Masarik núm. 111,
Piso 2, Polanco V Sección, Miguel Hidalgo
C.P. 11560, Ciudad de México
www.planetadelibros.us

Primera edición impresa en esta presentación: febrero de 2026
ISBN: 978-607-39-3717-7

Impreso en Operadora Quitresa S.A. de C.V.
Goma 167, Granjas Mexico, Iztacalco,
Ciudad de México, C.P. 08400
Impreso en México - *Printed in Mexico*

A las personas que, a pesar de sus miedos,
van a llenar este cuaderno de trabajo como un acto
de amor y consideración hacia los seres
queridos que las sobrevivan

ÍNDICE

¿Quién sabe de la existencia de este libro?

....

....

....

....

....

....

Última fecha de actualización de este libro:

....

....

....

....

....

....

....

....

....

....

....

....

Introducción

Quiero que las primeras líneas de este cuaderno de trabajo transmitan mi principal intención al escribirlo: que su correcto llenado sea percibido como un acto de amor, tanto a nivel personal como familiar.

Para muchas personas —y me incluyo entre ellas— es difícil mantener nuestras cosas (incluyendo importantes documentos) en orden. Como consecuencia, ocasionalmente nos rompemos la cabeza para encontrar algún objeto o papel importante que no recordamos en dónde lo pusimos. ¿Dónde está esa cartera o bufanda que me regaló mi esposa y sé que guardé en algún lado? ¿Dónde puse esa antigua y especial fotografía de mis hijos que tomé durante esas inolvidables vacaciones? ¿Dónde está la primera carta de amor que me escribió mi ahora cónyuge? Sé que los guardé, pero no recuerdo dónde.

Muy frecuentemente, ese desorden se extiende a cosas mucho más importantes que una bufanda, una cartera o una fotografía, e incluye documentos vitales que necesitamos para algún importante trámite, tales como un certificado de nacimiento, el de matrimonio, la resolución de pensión para el retiro, el título de propiedad de la casa o la declaración de impuestos de hace cinco años.

También ocurre que, conscientes de que debemos guardar bien algún importante documento (y en un alarde de seguridad y secretismo), lo guardamos en un lugar tan oculto que terminamos olvidándonos de este, por lo que se crea una situación en la que el remedio fue peor que la enfermedad.

Y ni qué decir de aquellas personas que son desordenadas por naturaleza y que nunca se preocuparon por guardar importantes documentos, los cuales se encuentran traspapelados entre las hojas de libros viejos o en algún anaquel olvidado.

La consecuencia de esa desorganización, o de ese traicionero secretismo, es que no sabemos en dónde se encuentran tan queridos objetos o importantes documentos.

Ahora imaginemos algo que nadie desea que suceda, pero que puede ocurrir: que suframos un grave percance o un sorpresivo derrame cerebral y perdamos la capacidad de comunicarnos de manera oral o por escrito, o, peor aún, que fallezcamos de súbito en un accidente, o progresivamente por una enfermedad crónica.

¿Qué va a pasar cuando nuestros acongojados familiares necesiten hacer alguna importante diligencia y no puedan hallar esos documentos para tramitar nuestros propios beneficios o los de nuestros deudos? ¿Cómo los encontrarían? ¿Dónde los buscarían? ¿Tiene algún familiar alguna pista del lugar en el que guardamos nuestras cosas importantes?

Lamentablemente —y estoy seguro de que usted recuerda muchos de esos casos, amable lector—, es muy común que, cuando algún miembro de la familia muere o queda discapacitado, los deudos sufren lo indecible para localizar importantes documentos que se necesitan para iniciar o completar cruciales trámites.

¿No sería útil que, al quedar discapacitados, o luego de nuestro fallecimiento, la familia tenga en un solo repositorio los detalles de la localización de nuestras cosas y documentos más importantes, y que al dolor de nuestra partida no le agreguemos el estrés de no saber en dónde se encuentran tales cosas y documentos?

Para ayudar a prevenir esa desagradable y estresante situación familiar, he escrito esta guía: *Todo en orden.*

Mi intención es que este libro sirva como el único y fundamental repositorio de los detalles más importantes de nuestros asuntos más íntimos, tales como datos personales y biográficos, datos financieros más relevantes, lista de propiedades, beneficios sociales y hasta los litigios judiciales que tenemos pendientes.

Usted podrá darse cuenta, al ir rellenando los datos requeridos por este cuaderno, cómo irá hurgando en su memoria en los acontecimientos relativos a su biografía y la de su familia. Esa búsqueda y ordenamiento de datos nos llevará a una profunda reflexión de lo que es nuestra vida y nos permitirá definir —como solo uno puede hacerlo— cuál será el legado que dejaremos a la familia. Del mismo modo, ese esfuerzo nos llevará a buscar y ordenar la gran cantidad de datos relacionados a nosotros, datos cuya ubicación no sepamos probablemente cuál es, tales como detalles sobre nuestro patrimonio, beneficios sociales, información tributaria, propiedades e incluso los últimos deseos sobre el destino de nuestro cuerpo y nuestro funeral.

Pero, sin duda, el esfuerzo de llenar los datos del cuaderno de una manera certera será de una enorme utilidad para la familia que nos sobreviva después de nuestra muerte. El poner en orden nuestras cosas antes de nuestra partida y tener todos los datos relacionados con nuestra persona en un solo cuaderno o repositorio no solo le ahorrará mucho tiempo a la familia, sino que mitigará el dolor de la pérdida.

De ese modo, quisiera que vea positivamente el llenado de este cuaderno de trabajo para dejar todo en orden antes de morir, que lo asuma como una responsabilidad personal y, sobre todo, como un acto de amor hacia la familia.

Este libro está dividido en cuatro partes: «¿Quién soy yo?», «Mis cosas más importantes», «Ubicación de mis documentos importantes» y «Mis últimos deseos».

La primera parte del libro, «¿Quién soy yo?», contiene secciones dedicadas a recolectar nuestros datos personales y biográficos, tales como detalles de nuestra educación, historia laboral, nuestras mascotas e incluso información sobre nuestros amigos más cercanos y nuestra vida espiritual y religiosa. La primera sección pretende dejar por escrito una especie de «autobiografía autorizada», escrita de puño y letra por nosotros mismos, para que con el tiempo sirva de consulta a las futuras generaciones que deseen conocer de primera fuente quiénes fuimos y cuál es nuestro legado.

La segunda sección está dedicada a la familia, y tiene espacio para hacer una lista de nuestros ancestros, incluyendo padres, abuelos, hermanos, tíos, tías y primos, además, por supuesto, de los hijos, nietos e incluso de las personas que, sin ser familiares, las consideramos como parte de la familia y dependen de nosotros. Además de escribir el nombre de estas importantes personas, habrá espacio para incluir algún comentario especial sobre ellas. Esta sección contiene también datos sobre algunas enfermedades que sabemos han sido frecuentes en nuestra familia. Es posible que pueda ser consultada en el futuro si alguna enfermedad se presenta en alguno de nuestros descendientes y se quiera construir un árbol genealógico de enfermedades.

La tercera sección contiene datos acerca de nuestra salud personal. Esa información permitirá conocer datos que de otro modo solo estarían presentes en un historial médico archivado en algún hospital. Obviamente, la información no será completa, pero sus datos permitirán tomar decisiones rápidas a los cuidadores de salud y servirán en el futuro para interpretar algunas situaciones de salud no bien aclaradas.

La cuarta sección recoge datos importantes sobre nuestros negocios, los que serán de mucha utilidad para quienes tengan que tomar alguna decisión relacionada con ellos.

La quinta sección contiene espacio para listar a las personas más importantes de nuestra vida y a quienes se debe consultar para aclarar algún asunto que haya quedado pendiente. Aquí figuran nuestros médicos, abogados, contadores, amigos, familiares, entre otros.

La segunda parte del libro, «Mis cosas más importantes», debe contener datos precisos sobre nuestro dinero, posesiones valiosas y las propiedades de bienes raíces y vehículos. Las cuentas a plazo fijo, cuentas de ahorro, cajas fuertes, tarjetas de crédito, inversiones, préstamos y otras deudas pendientes deben ser también listadas. En esta parte tienen que figurar, además, los beneficios a los que podemos acceder después de la muerte, tales como la seguridad social y fondos de pensión. Este es el lugar en el que deben incluirse datos sobre los impuestos, así como seguros de vida, discapacidad y salud. Por último, es de suma utilidad para nuestros deudos que esta sección incluya una lista de los litigios judiciales pendientes que podamos tener.

La tercera parte del libro, «Ubicación de mis documentos importantes», se describe por sí misma. Aquí debe listarse la ubicación exacta de los documentos personales, incluyendo certificados, testamentos (de bienes y de voluntad anticipada), poderes notariales y las tan ubicuas y modernas cuentas electrónicas con sus respectivas contraseñas.

La cuarta y última parte del libro, «Mis últimos deseos», es muy especial, pues contiene nuestros últimos deseos y el verdadero legado que queremos dejar a nuestros deudos. Nuestros deseos sobre el que nos resuciten, sobre la donación de nuestros órganos, que nos cremen o nos entierren, e incluso (algo que puede sonar ligero o mórbido) cómo quisiéramos que sean nuestros funerales. Un obituario personal escrito por nosotros mismos, cartas a los familiares y amigos más queridos y, por último, nuestras últimas palabras para los deudos. Sin duda, esta parte del cuaderno incluirá importantes elementos que definirán nuestro legado y que serán de un valor enorme para quienes nos sobrevivan.

En suma, consideramos que este cuaderno no debe ser visto solo como un frío o mórbido repositorio de importantes datos personales con la intención de aliviar el agobio de nuestros familiares después de nuestra partida, sino también como un documento vivo y muy especial que permitirá que nuestros familiares hereden un retrato muy personal escrito por nosotros mismos.

Obviamente, debido a la naturaleza tan confidencial de los datos, un libro como este debe ser guardado en un lugar muy especial y su existencia debe ser contada solo a las personas de mayor confianza.

También es importante que sea escrito poco a poco. Por ello, debe ser actualizado cada cierto tiempo para que esté siempre al día y sea de verdadera utilidad para los que nos sobreviven.

Por último, esta guía es el acompañante ideal de mi obra previa, *El buen morir*, un libro que tiene como objetivo fundamental ayudarnos a entender que la muerte es un fenómeno natural y que debemos estar preparados.

Quisiera aclarar que ninguno de estos libros ha sido escrito para que el lector se obsesione con la muerte como el evento central de su vida, sino más bien para entender que —aunque es cierto que algún día moriremos— la vida hay que vivirla con toda la energía, fuerza y alegría que podamos.

El educarnos sobre lo que significa la muerte u organizar nuestras cosas y documentos para cuando llegue el momento no debe ser visto como una actividad supersticiosa «para llamar a la muerte», sino más bien como un acto de amor para la familia y un recordatorio de que, sabiendo que tendremos nuestro *memento mori*, debemos vivir cada momento de nuestra existencia con positivismo y gozar cada minuto de ella.

PARTE I

¿Quién soy yo?

¡Quién mejor que uno para contar su historia personal!

Esa es quizá la primera motivación para empezar a documentar la parte inicial de este cuaderno.

Cuántas veces, en una reunión familiar, hemos terminado discutiendo acerca del modo en que se conocieron nuestros padres, o el colegio o universidad al que fueron ellos o nuestros abuelos fallecidos. Mientras que algunos miembros de la familia dicen que los padres se conocieron en el trabajo, otros aseguran que no, que fue en una fiesta familiar. Del mismo modo, mientras que algunos dicen que el abuelo fue a tal universidad, otros dicen que no, que eso no fue así, que el abuelo fue a esta otra universidad.

O, en un plano diferente, al presentarse una cierta enfermedad en uno de nuestros hijos, nos acordamos de que nuestra madre solía decir que uno de sus hermanos había sufrido una enfermedad parecida, pero no recordamos los detalles.

Al final, esas preguntas no se resuelven y esos importantes detalles de la historia familiar quedan sin respuesta.

Qué diferente habría sido si esos detalles hubieran quedado escritos por nuestros propios ancestros. La historia familiar se habría preservado.

Como lo demuestra la práctica, cuando de la historia familiar se trata, es mucho más lo que no sabemos o recordamos.

Esta primera parte contiene secciones muy fáciles de escribir acerca de la biografía personal, la biografía de los familiares más cercanos, de la salud personal y familiar, de la lista de contactos más importantes e incluso una breve lista de los negocios que hayamos podido tener en vida.

1. Mi persona

La idea, al escribir esta primera parte del cuaderno, es que del puño y letra de la misma persona se registren los detalles más importantes de su biografía personal, detalles que quedarán por siempre documentados y a disposición de nuestros descendientes.

¿Dónde nació?, ¿qué recuerdos tiene del lugar en que nació?, ¿dónde pasó su infancia?, ¿quiénes fueron sus primeros amigos de la infancia?, ¿dónde pasó su adolescencia?, ¿en qué escuelas y universidades recibió su educación?... Estas son algunas de las preguntas que quedarán para siempre documentadas por nuestro puño y letra.

Además de los datos biográficos personales, otros datos muy fáciles de llenar serán la lista de nuestros contactos más íntimos, nuestra historia laboral y educativa y el nombre de las ciudades en las que hemos vivido.

Es probable que los datos sobre nuestras creencias merezcan más tiempo de redacción, así como el recabar la lista de premios y reconocimientos que hayamos recibido.

Pensamos que el llenar esta parte del cuaderno será un excelente motivo para repasar los hitos más importantes de nuestra vida, y que, al plasmarlos por escrito en el cuaderno, nuestros descendientes tendrán de primera mano un relato invaluable que permanecerá por siempre.

Mis datos personales

NOMBRE(S):

....

APELLIDO(S):

....

DOCUMENTO(S) DE IDENTIDAD

DNI/LICENCIA DE CONDUCIR: ☐ N.º ....

TARJETA DE RESIDENCIA: ☐ N.º ....

PASAPORTE: ☐ N.º ....

FECHA DE NACIMIENTO: ..../............./.............

LUGAR:

EDO. .... CDAD. .... PAÍS ....

DIRECCIÓN LEGAL:

....

NÚMERO(S) DE TELÉFONO

FIJO: .... CELULAR: ....

ESTADO CIVIL:

....

CIUDADANÍA(S):

....

....

Mi breve biografía

Mi nacimiento:

Mi breve biografía

MI INFANCIA:

Mi breve biografía

Mi niñez :

Mi breve biografía

MI ADOLESCENCIA:

Mi breve biografía

Mi adultez:

Mi breve biografía

MI VEJEZ:

Mi educación

MI COLEGIO:

....

....

....

....

....

....

....

MIS ESTUDIOS UNIVERSITARIOS:

....

....

....

....

....

....

MIS ESTUDIOS COMPLEMENTARIOS:

....

....

....

....

....

....

....

....

....

....

Mis empleos

EMPRESA:

....

PERIODO:

....

LO QUE MÁS RECUERDO:

....

....

....

....

....

....

EMPRESA:

....

PERIODO:

....

LO QUE MÁS RECUERDO:

....

....

....

....

....

....

....

Empresa:

....

Periodo:

....

Lo que más recuerdo:

....

....

....

....

....

....

Otras empresas:

....

....

....

....

....

....

....

....

....

....

....

....

....

Mis creencias religiosas:

....

....

....

....

Mis inclinaciones políticas:

....

....

....

....

Los lugares en los que he vivido:

Ciudad	Años

Mis premios y reconocimientos:

....

....

....

....

....

2. Mi familia

En algún punto de nuestra vida, la curiosidad que se tiene de conocer nuestra historia familiar es muy grande. Esa curiosidad se manifiesta en algunas personas y, a manera de pasatiempo, en la construcción de los árboles genealógicos. En ese sentido, sabiendo que padres y abuelos son el repositorio de la memoria familiar, ¿quiénes mejor que ellos para registrar de puño y letra los datos referentes a la familia?

Pero, además de contribuir con la lista de familiares cercanos, nuestro papel es también contribuir con anécdotas familiares que de otro modo pasan al olvido y que pueden documentarse en el cuaderno. Me ha ocurrido muchas veces que, al tratar de recordar ciertos datos familiares que me había relatado mi madre cuando estaba viva, simplemente no he podido y me he arrepentido de no haberlos documentado.

Conociendo a mi madre, estoy seguro de que en la sección que pregunta sobre datos de los tíos, tías y primos, además de escribir sus nombres, hubiera relatado las anécdotas sobre ellos que el tiempo me hizo olvidar.

Mis hijos

NOMBRE, FECHA Y LUGAR DE NACIMIENTO:

SOBRE MIS HIJOS...

Mis nietos

NOMBRE, FECHA Y LUGAR DE NACIMIENTO:

Sobre mis nietos...

Mis padres

NOMBRE, FECHA Y LUGAR DE NACIMIENTO:

....

....

....

....

SOBRE MIS PADRES...

....

....

....

....

....

....

....

....

....

....

....

....

....

....

....

....

....

....

....

....

....

Mis hermanos

NOMBRE, FECHA Y LUGAR DE NACIMIENTO:

....

....

....

....

....

....

....

....

....

....

SOBRE MIS HERMANOS...

....

....

....

....

....

....

....

....

....

....

....

....

....

....

....

Mis abuelos

NOMBRE, FECHA Y LUGAR DE NACIMIENTO:

SOBRE MIS ABUELOS...

Mis tíos y primos

NOMBRE, FECHA Y LUGAR DE NACIMIENTO:

MIS TÍOS MATERNOS: ....

....

....

....

....

....

....

....

MIS TÍOS PATERNOS: ....

....

....

....

....

....

....

MIS PRIMOS HERMANOS POR PARTE DE MADRE: ....

....

....

....

....

....

....

....

....

MIS PRIMOS HERMANOS POR PARTE DE PADRE: ....

....

....

....

....

Sobre ellos...

Las personas que dependen de mí
(ahijados, exempleados, amistades)

NOMBRE:

....

....

....

....

NUESTRA RELACIÓN:

....

....

....

....

DIRECCIÓN Y NÚMERO TELEFÓNICO:

....

....

....

....

....

....

....

....

....

....

....

....

....

....

....

Notas e instrucciones para su cuidado:

Mis mascotas

Nombre:

....

....

Raza y edad:

....

....

Información de salud:

....

....

....

....

....

....

....

....

....

Veterinario:

....

....

Mi mascota será cuidada por:

Nombre:

....

Contacto:

....

Notas e instrucciones para su cuidado:

3. Mi salud y la de mi familia

Esta sección es muy importante para documentar nuestra historia médica personal y familiar. Los datos que se registran aquí no deben pretender ser tan específicos y detallados como los que están en el historial clínico que tiene nuestro médico o los que están en el hospital. La idea de esta sección es registrar detalles sobre los aspectos más relevantes de nuestra salud personal durante nuestra vida. Por ejemplo, ¿padecí tuberculosis alguna vez? ¿Qué tipos de cirugía tuve en mi vida? ¿Qué tipos de alergia he tenido? ¿He sufrido de intolerancia a ciertos alimentos en mi vida? Esos datos pueden ser útiles en caso de que se presente alguna enfermedad en la familia que pueda tener un carácter hereditario.

Del mismo modo, en esta sección pueden registrarse los padecimientos más comunes en la familia; por ejemplo, si ha habido varios casos de cáncer, será importante documentar el tipo de cáncer que presentaron. Esta información será sin duda muy útil para poder interpretar los casos de enfermedad de nuestros descendientes.

Mis problemas de salud han sido:
(condiciones médicas más importantes)

....

....

....

....

....

....

....

....

....

....

....

En mi familia las condiciones médicas más frecuentes han sido:

....

....

....

....

....

....

....

....

....

....

Mi seguro de salud:

....

....

....

Mi médico actual es:

....

Clínica u hospital donde atiende:

....

Contacto:

....

....

4. Mis negocios

Por increíble que parezca, muchas veces empezamos negocios que mantenemos en funcionamiento durante nuestra vida y, si bien es cierto que nuestra familia tiene conocimiento de ellos, este es superficial y no permite que puedan tomar acción en caso de nosotros fallecer.

Esta sección no pretende registrar detalles minuciosos acerca del estado de cuentas o de los proveedores del negocio, sino más bien hacer un breve listado del negocio o de los negocios que tengamos, incluyendo los datos más importantes, tales como la razón social, los socios que la componen y quiénes son los gerentes, contadores o abogados para poder consultar con ellos en caso de necesidad. También es importante poner aquí el nombre del banco que maneja las finanzas del negocio. Obviamente, si el negocio es grande e importante, muchos de esos datos serán manejados por los responsables, pero es necesario hacer un breve listado en esta sección, sobre todo si el negocio es pequeño y los únicos que lo administrábamos éramos nosotros.

Negocio #1

Razón social: ....

Número de identificación tributaria (SSN, EIN, TIN, ITIN):

....

Socio(s):

....

....

....

Dirección (tienda física): ....

Información de renta: ....

Ubicación de las llaves: ....

Contactos comerciales

Empleados: ....

....

....

Contador: ....

Abogado: ....

Seguro: ....

Información bancaria

Banco: ....

Número de cuenta: ....

Tarjetas asociadas: ....

Clientes más importantes

....

....

Negocio #2

Razón social: ....

Número de identificación tributaria (SSN, EIN, TIN, ITIN):

....

Socio(s):

....

....

....

Dirección (tienda física): ....

Información de renta: ....

Ubicación de las llaves: ....

Contactos comerciales

Empleados: ....

....

....

Contador: ....

Abogado: ....

Seguro: ....

Información bancaria

Banco: ....

Número de cuenta: ....

Tarjetas asociadas: ....

Clientes más importantes

....

....

5. Mis contactos

Resulta frustrante para nuestros deudos el saber que tuvimos un contador, abogado, albacea, representante legal, corredor de seguros e incluso varios médicos, pero que ignoramos sus teléfonos o sus correos electrónicos. Esta sección es la adecuada para registrar esos datos en un repositorio que será de mucha utilidad.

Del mismo modo, este es el lugar para listar los nombres y datos de contacto de nuestros amigos más íntimos y familiares más cercanos. Esta lista será de mucha importancia cuando se tengan que hacer los arreglos funerarios y se decida quiénes deben asistir.

Mis contactos de emergencia

Nombre(s)	
Tel. / Celular	
Correo	
Dirección	

Nombre(s)	
Tel. / Celular	
Correo	
Dirección	

Mis amigos más íntimos

Nombre(s)	
Tel. / Celular	
Correo	
Dirección	

Nombre(s)	
Tel. / Celular	
Correo	
Dirección	

Nombre(s)	
Tel. / Celular	
Correo	
Dirección	

Nombre(s)	
Tel. / Celular	
Correo	
Dirección	

Nombre(s)	
Tel. / Celular	
Correo	
Dirección	

Nombre(s)	
Tel. / Celular	
Correo	
Dirección	

Mis familiares más cercanos

Nombre(s)	
Tel. / Celular	
Correo	
Dirección	

Nombre(s)	
Tel. / Celular	
Correo	
Dirección	

Nombre(s)	
Tel. / Celular	
Correo	
Dirección	

Nombre(s)	
Tel. / Celular	
Correo	
Dirección	

Nombre(s)	
Tel. / Celular	
Correo	
Dirección	

Nombre(s)	
Tel. / Celular	
Correo	
Dirección	

Mis representantes legales
(las personas que decidirán por mí cuando no pueda expresarme)

Nombre(s)	
Tel. / Celular	
Correo	
Dirección	

Nombre(s)	
Tel. / Celular	
Correo	
Dirección	

Mi corredor de seguros

Nombre(s)	
Tel. / Celular	
Correo	
Dirección	

Mi contador

Nombre(s)	
Tel. / Celular	
Correo	
Dirección	

Otros contactos

Nombre(s)	
Tel. / Celular	
Correo	
Dirección	

Nombre(s)	
Tel. / Celular	
Correo	
Dirección	

Nombre(s)	
Tel. / Celular	
Correo	
Dirección	

Nombre(s)	
Tel. / Celular	
Correo	
Dirección	

Nombre(s)	
Tel. / Celular	
Correo	
Dirección	

PARTE II

Mis cosas más importantes

Contaba en *El buen morir*, el libro compañía del cuaderno que tiene en sus manos ahora, que una de las situaciones que más me impactó y me estimuló a escribir estos libros fue el titular que leí en un diario de circulación nacional en el Perú.

El titular realizaba la siguiente pregunta: ¿Cómo saber si un familiar fallecido tenía ahorros en bancos o aportes en el fondo de pensiones?

Al leerlo, me pregunté inmediatamente cómo es posible que alguien pueda morir y los familiares no sepan esos datos financieros tan importantes. Al compartir esa anécdota con amigos y familiares en el Perú y en Estados Unidos, en donde vivo desde hace muchos años, me di con la sorpresa de que esa ocurrencia era muy común y me contaban de sorprendentes casos de amigos y familiares que habían muerto sin que los deudos estuvieran enterados de los detalles financieros del occiso.

Las anécdotas que escuché relataban verdaderas pesadillas para recuperar los bienes que la persona había dejado. Me contaban de trámites engorrosos que había que completar, trámites que necesitaban de documentos cuyo paradero era desconocido. En otras palabras, una verdadera sucesión de pesadillas, que muchas veces llevaba a años de frustración y sufrimiento, la que se agregaba a la pena por la pérdida del familiar.

Es muy probable que estando en vida muchas personas tengan sus finanzas y documentos muy bien organizados, guardando cuidadosamente sus estados de cuenta bancarios; comprobantes de depósitos de dinero;

contratos de servicios; pólizas de seguros de salud, casas y vehículos; estados de cuentas de tarjetas de crédito, y contraseñas de cuentas de banco y tarjetas de crédito en internet. Pero es muy probable también que muchas otras personas no sean tan cuidadosas en organizar esos documentos y, a pesar de tener una buena idea de su estado financiero y otros detalles relacionados, no tengan el cuidado de organizarlos y, por eso mismo, les cueste algún trabajo encontrarlos.

Un tío que vivía en Estados Unidos murió, pero resulta que tenía cuentas bancarias en su país de nacimiento y nadie sabía cómo recuperar ese dinero, me contaron algunos. Otros me decían que ellos mismos recibían pensiones de la seguridad social, pero que, debido a que ellos eran los únicos que llevaban las cuentas, estaban seguros de que sus familiares no tenían los detalles de cómo hacer para que ese beneficio se extendiera al cónyuge. Una persona me dijo que su padre murió sin revelar la combinación de la caja fuerte en la que guardaba valiosas pertenencias y sus documentos más importantes. Otros contaban cómo, después de haber muerto, empezaron a aparecer hijos concebidos fuera del matrimonio que reclamaban el dinero que el difunto les pasaba para sus estudios o acreedores que reclamaban deudas pendientes.

¡Cuánto tiempo y sufrimiento les hubiera ahorrado el fallecido a sus familiares si hubiese dejado información precisa sobre el estado de sus finanzas y otros documentos personales en un formato como el que se recomienda en este cuaderno!

Esta parte del cuaderno le permitirá, de un modo sistemático, registrar importantísimos datos sobre el manejo de su dinero, tales como sus cuentas de banco, ahorros en cuentas a plazo fijo, tarjetas de crédito, inversiones, beneficios sociales, así como una lista de acreedores y deudores. Este es el lugar también para registrar importantes datos sobre el pago de impuestos, el tipo de seguro con el que se cuenta para vehículos, casas u otras propiedades. Del mismo modo, listar las propiedades de bienes raíces será muy útil para que nuestros deudos tengan, en un solo lugar, una lista consolidada de dichas propiedades. ¿Es usted miembro de algún club social u organización que requiera pagos anuales? ¿Se deben cancelar suscripciones a ciertos servicios o cerrar sus redes sociales? Este es el lugar para listar las membresías, para saber cancelarlas y evitar que vengan los cobros en el futuro.

Por último, en las reveladoras historias que me contaban amigos y familiares, no era raro escuchar del familiar que falleció sin que sus deudos supieran que tenía algunos litigios pendientes y solo se enteraron cuando llegaron los fallos judiciales. Los dolores de cabeza causados por esas desagradables situaciones pudieron haberse evitado si se hubieran listado los juicios pendientes.

1. Mi dinero

Mis cuentas de banco

Banco	
Tipo de cuenta (ahorros o corriente)	
Moneda	
Número de cuenta	
Tarjeta asociada	
Sitio web	
Usuario y contraseña	
Observaciones	

Banco	
Tipo de cuenta (ahorros o corriente)	
Moneda	
Número de cuenta	
Tarjeta asociada	
Sitio web	
Usuario y contraseña	
Observaciones	

Banco	
Tipo de cuenta (ahorros o corriente)	
Moneda	
Número de cuenta	
Tarjeta asociada	
Sitio web	
Usuario y contraseña	
Observaciones	

Mis depósitos a plazo fijo

Banco	
Fin del plazo	
Moneda	
Monto depositado	
Número de cuenta	
Sitio web	
Usuario y contraseña	

Cuentas especiales
(caja chica de asociaciones, cuentas mancomunadas, entre otras)

Banco	
Tipo de cuenta	
Moneda	
Número de cuenta	
Tarjeta asociada	
Sitio web	
Usuario y contraseña	

Cuentas en el extranjero

Banco	
Tipo de cuenta	
Moneda	
Número de cuenta	
Tarjeta asociada	
Sitio web	
Usuario y contraseña	

Banco	
Tipo de cuenta	
Moneda	
Número de cuenta	
Tarjeta asociada	
Sitio web	
Usuario y contraseña	

Mis cajas fuertes

UBICACIÓN:

....

COMBINACIÓN:

....

UBICACIÓN:

....

COMBINACIÓN:

....

Mis programas de lealtad
(millas, compras)

....

....

....

....

....

....

....

....

Mis tarjetas de crédito y débito

Crédito ☐
Visa ☐
MasterCard ☐
Débito ☐
American Express ☐
Otras: ....

Banco: ....
Número: ....
Fecha de vencimiento: ....
Código de seguridad: ....
Correo o dirección donde llega el estado de cuenta:
....

Crédito ☐
Visa ☐
MasterCard ☐
Débito ☐
American Express ☐
Otras: ....

Banco: ....
Número: ....
Fecha de vencimiento: ....
Código de seguridad: ....
Correo o dirección donde llega el estado de cuenta:
....

Crédito ☐
Visa ☐
MasterCard ☐

Débito ☐
American Express ☐
Otras: ....

Banco: ....
Número: ....
Fecha de vencimiento: ....
Código de seguridad: ....
Correo o dirección donde llega el estado de cuenta:
....

Crédito ☐
Visa ☐
MasterCard ☐

Débito ☐
American Express ☐
Otras: ....

Banco: ....
Número: ....
Fecha de vencimiento: ....
Código de seguridad: ....
Correo o dirección donde llega el estado de cuenta:
....

Mis inversiones

Nombre de la compañía	
Tipo de inversión	
Número de cuenta	
Moneda	
Asesor financiero	

Nombre de la compañía	
Tipo de inversión	
Número de cuenta	
Moneda	
Asesor financiero	

Nombre de la compañía	
Tipo de inversión	
Número de cuenta	
Moneda	
Asesor financiero	

Préstamos de dinero

Acreedor	
Cantidad	
Detalles	
Documentos y localización	

Acreedor	
Cantidad	
Detalles	
Documentos y localización	

Acreedor	
Cantidad	
Detalles	
Documentos y localización	

Préstamos de objetos de valor

Acreedor	
Cantidad	
Detalles	
Documentos y localización	

Acreedor	
Cantidad	
Detalles	
Documentos y localización	

Otros préstamos

Acreedor	
Cantidad	
Detalles	
Documentos y localización	

Notas

Mis deudas

Hipotecas

Institución/banco	
Valor y plazo de la hipoteca	
Mensualidad o amortización	
Documentos y localización	

Hipotecas

Institución/banco	
Valor y plazo de la hipoteca	
Mensualidad o amortización	
Documentos y localización	

Préstamos bancarios

Institución/banco	
Valor y plazo del préstamo	
Mensualidad o amortización	
Documentos y localización	

Préstamos personales

Prestamista	
Contacto	
Valor y plazo del préstamo	
Mensualidad o amortización	
Documentos y localización	

Notas

2. Mis beneficios sociales

Mi pensión para el retiro

BENEFICIOS DE SEGURIDAD SOCIAL Y/O FONDO PRIVADO DE PENSIONES:[1]

....

MONTO MENSUAL:

....

DÍA DE PAGO:

....

NÚMERO DE CUENTA:

....

OTROS BENEFICIOS DE SEGURIDAD SOCIAL:

....

....

....

MIS PLANES ESPECIALES DE RETIRO:

....

....

....

....

....

1 En Estados Unidos, es administrada por la Social Security Administration (SSA), y, en cuanto a fondos privados de pensiones, hay alternativas como los 401(k) y 403(b) Plans y la Individual Retirement Account (IRA), entre otros.

3. Mi información tributaria

MI NÚMERO DE IDENTIFICACIÓN TRIBUTARIA (SSN, EIN, TIN, ITIN):

....

MI INFORMACIÓN ELECTRÓNICA DE PAGO DE IMPUESTOS[2]

USUARIO:

....

CONTRASEÑA:

....

MI CONTADOR, CORREO Y TELÉFONO:

....

....

....

....

....

ÚLTIMO AÑO PAGADO: ....

....

....

....

....

2 En cada país existen plataformas virtuales para las gestiones tributarias. En EE. UU. se pueden enviar los documentos de impuestos directamente a la página del IRS (Internal Revenue Service). En esta sección, coloca la información para ingresar vía web a la página de la agencia de impuestos de tu país.

4. Mis seguros

Mi seguro de salud

Proveedor	
Número de póliza	
Contacto	
Tipo de cobertura para el final de la vida	

Mi seguro de vida

Proveedor	
Número de póliza	
Contacto	
Monto y beneficiarios	

Mi seguro de casa

Proveedor	
Número de póliza	
Contacto	
Monto y beneficiarios	

Mi seguro de automóvil

Proveedor	
Número de póliza	
Contacto	
Monto y beneficiarios	

Otros

5. Mis propiedades en bienes raíces

Mi casa principal

DIRECCIÓN:

COPROPIETARIOS:

UBICACIÓN DE DOCUMENTOS LEGALES:

UBICACIÓN DE LAS LLAVES:

HIPOTECA:

INFORMACIÓN DE RENTA (MONTO, CONTACTO Y DOCUMENTOS):

Mi casa secundaria

Dirección:

....

Copropietarios:

....

....

Ubicación de documentos legales:

....

....

Ubicación de las llaves:

....

Hipoteca:

....

....

Información de renta (monto, contacto y documentos):

....

....

....

....

....

....

....

....

....

....

....

Otras propiedades en bienes raíces
(terrenos, departamentos)

6. Mis otros bienes y posesiones

Mis vehículos

DATOS DE LOS AUTOMÓVILES:

Marca	Modelo	Año	Placa

UBICACIÓN DE LOS DOCUMENTOS DE PROPIEDAD:

....

....

....

UBICACIÓN DE LAS LLAVES:

....

....

....

....

INFORMACIÓN DE RENTA (MONTO, CONTACTO Y DOCUMENTOS):

....

....

....

Mis regalías por derechos de autor

(por publicaciones de libros o de obras musicales, participación en series, películas, obras de teatro u otros, y más)

Mis regalías por patentes

Mis posesiones valiosas
(arte, joyas, relojes, otros)

OBJETO Y UBICACIÓN:

....

....

....

....

....

....

....

....

....

....

....

NOTAS E INSTRUCCIONES:

....

....

....

....

....

....

....

....

....

....

....

....

Mis armas

MODELO:

....

NÚMERO DE REGISTRO Y PERMISO:

....

UBICACIÓN:

....

NOTAS E INSTRUCCIONES:

....

....

....

MODELO:

....

NÚMERO DE REGISTRO Y PERMISO:

....

UBICACIÓN:

....

NOTAS E INSTRUCCIONES:

....

....

....

7. Mis pagos habituales

MIS PAGOS HABITUALES LOS HAGO:

DÉBITO AUTOMÁTICO ☐ PAGO EN VENTANILLA ☐

CHEQUE ☐ OTROS ....

SI NO LOS HAGO YO EL RESPONSABLE ES:

....

LOS SERVICIOS QUE PAGO:

....

....

....

PROVEEDORES DE TELEFONÍA MÓVIL, INTERNET Y CABLE:

....

....

LAS SIGUIENTES CUENTAS DEBEN SER CANCELADAS:

MEMBRESÍAS A CLUBES:

SITIO WEB	USUARIO	CONTRASEÑA

PLATAFORMAS DE *STREAMING*:

SITIO WEB	USUARIO	CONTRASEÑA

SUSCRIPCIONES DIGITALES (GOOGLE, YOUTUBE PREMIUM, SPOTIFY...):

SITIO WEB	USUARIO	CONTRASEÑA

SUSCRIPCIONES A PUBLICACIONES DIGITALES:

SITIO WEB	USUARIO	CONTRASEÑA

SUSCRIPCIONES A PUBLICACIONES FÍSICAS:

SITIO WEB	USUARIO	CONTRASEÑA

REDES SOCIALES:

SITIO WEB	USUARIO	CONTRASEÑA

8. Mis juicios pendientes

Razón del juicio

....
....
....
....
....
....
....
....
....
....
....
....
....
....

ABOGADOS RESPONSABLES:

....
....
....
....
....
....
....
....
....

Razón del juicio

ABOGADOS RESPONSABLES:

PARTE III

Ubicación de mis documentos importantes

En la parte anterior del cuaderno, hicimos una lista de nuestros bienes, cuentas bancarias, tarjetas de crédito, propiedades, beneficios sociales, listas de deudores y acreedores, y otros datos importantes con la finalidad de que nuestros deudos sepan de su existencia. Pero tan importante como hacer ese listado es saber el lugar exacto en que se encuentran los documentos relacionados a ello.

¿Dónde se encuentran mis documentos de identificación (DNI/licencia de conducir), mi pasaporte, mis certificados de nacimiento, matrimonio o divorcio, mis títulos académicos o títulos de propiedad de mi casa?

¿Dónde está mi testamento de voluntad anticipada, mi testamento de bienes, el documento en que doy poder a mi apoderado para que supervise mis últimos deseos?

En esta época moderna que nos ha tocado vivir, en la que los teléfonos celulares, computadoras y contraseñas gobiernan nuestras vidas, ¿dónde se encuentra mi computadora?, ¿cuál es la contraseña para empezar a usarla?, ¿en qué carpetas de la computadora están las copias de mis documentos más importantes?, ¿cuál es la contraseña para abrir mi correo electrónico? ¿Dónde está mi teléfono celular?, ¿cómo lo desbloqueo?, ¿deseo que mis contactos reciban un mensaje final escrito por algún familiar en caso de mi fallecimiento?

Estoy seguro de que, al leer estas líneas, más de uno de mis amables lectores ha recordado lo que tuvo que pasar para acceder a esos datos y documentos al fallecer un ser querido. Fue duro, ¿verdad? Tomó mucho tiempo y esfuerzo recabarlos, especialmente si había premura por algún trámite pendiente.

Si seguimos las instrucciones de este cuaderno y recopilamos la información solicitada, no solo habremos ahorrado mucho tiempo, sino también mucho pesar a nuestros seres queridos después de partir. Por eso, pensamos que el llenado de este cuaderno puede ser entendido como un acto de amor y consideración hacia nuestros deudos.

1. Mis pasaportes

NÚMERO Y PAÍS DE EXPEDICIÓN:

....

....

....

UBICACIÓN:

....

....

....

2. Mis certificados personales

CERTIFICADO DE NACIMIENTO:

....

....

CERTIFICADO DE MATRIMONIO:

....

....

SENTENCIA DE DIVORCIO:

....

....

TÍTULOS ACADÉMICOS:

....

....

CERTIFICADO DE BAUTISMO:

....

....

....

....

OTROS:

....

....

....

....

....

....

....

3. Mis documentos comerciales o de mi negocio

INSCRIPCIÓN EN REGISTROS PÚBLICOS:

....

....

....

LIBROS CONTABLES:

....

....

....

OTROS:

....

....

....

4. Mi testamento de voluntad anticipada[3]

UBICACIÓN:

....

....

COPIAS:

....

....

¿QUIÉN SABE DE SU EXISTENCIA?:

....

....

5. Mi testamento de bienes

UBICACIÓN:

....

....

COPIAS:

....

....

¿QUIÉN SABE DE SU EXISTENCIA?:

....

ABOGADO/NOTARIO RESPONSABLE:

....

3 Un modelo laico se encuentra en el Apéndice 1 al final de este documento. Otro, avalado por la Iglesia católica de España, se encuentra en el Apéndice 2.

6. Mi transferencia de poderes

MOTIVO DE LA TRANSFERENCIA:

....

....

UBICACIÓN:

....

....

COPIAS:

....

....

¿QUIÉN SABE DE SU EXISTENCIA?:

....

....

....

7. Mis cuentas electrónicas y sus contraseñas

Mis computadoras

COMPUTADORA *Ej.: laptop personal*	USUARIO	CONTRASEÑA

Mis dispositivos celulares

DISPOSITIVO *Ej.: IPhone*	USUARIO	PIN	PATRÓN DE DESBLOQUEO

Mis correos electrónicos

DIRECCIÓN DE CORREO	CONTRASEÑA

Otros sitios web

SITIO WEB	USUARIO	CONTRASEÑA

8. Mensaje para mis contactos

EN CASO DE QUE YA NO ESTÉ, DESEO QUE SE DEJE EL SIGUIENTE MENSAJE EN MIS REDES SOCIALES:

....

....

....

....

....

....

....

Parte IV

Mis últimos deseos

Considero que esta es una parte muy especial de este cuaderno. Adecuadamente escrita, es la que contendrá el verdadero legado que le queremos dejar a nuestros descendientes, y estoy seguro de que se convertirá en un documento muy atesorado por nuestros deudos y pasará de generación en generación.

La parte central de «Mis últimos deseos» incluye las preguntas relacionadas con el contenido del testamento de voluntad anticipada, que, como lo describí en el libro *El buen morir,* no debe ser confundido con el testamento de bienes ni mucho menos con la aceptación de eutanasia.

El testamento de voluntad anticipada o de instrucciones previas, también llamado «testamento vital», es un documento legal que se redacta y firma en presencia de un abogado o notario público y de testigos, y en el que se especifican los deseos de la persona afectada por una enfermedad terminal con relación a las acciones que deben tomarse con su salud y su cuerpo en caso de que este pierda la consciencia y no sea capaz de expresarlas.

El testamento de voluntad anticipada tiene por lo general tres importantes componentes: la voluntad de ser o no revivido y conectado a una máquina de respiración artificial en caso de que ocurra un paro cardiaco; el deseo o no de ser un donante de órganos; y la designación de una persona para que sirva como interlocutora y ejecutora de los últimos deseos del paciente en caso de perder la consciencia.

Se recomienda que el testamento de voluntad anticipada contenga también instrucciones para la disposición final del cuerpo e incluso detalles del funeral.

Obviamente, ese documento debe redactarse y firmarse cuando el paciente está en plena consciencia de sus actos, hecho que es validado por el abogado o notario público. El testamento de voluntad anticipada permite garantizar que los deseos de la persona se cumplan según sus disposiciones. Además, al ser un documento legal, es mantenido como parte del historial médico del paciente en el hospital, en el hospicio o en el domicilio particular, y su existencia permite que el personal médico pueda tomar las decisiones pertinentes sin pérdida de tiempo. Los testamentos de voluntad anticipada pueden ser cambiados o revocados en cualquier momento, y se debe dejar siempre constancia por escrito en la historia clínica del enfermo.

Creados en los Estados Unidos a fines de la década del sesenta, los testamentos de voluntad anticipada están siendo adoptados por muchos países gracias a legislaciones específicas que deben consultarse en caso de que se quiera contar con uno.

En los días previos a la redacción final de este cuaderno, sucedieron dos acontecimientos que resaltaron la importancia del testamento de voluntad anticipada.

El primero fue el fallecimiento del Premio Nobel de Literatura peruano, Mario Vargas Llosa, el 13 de abril de 2025. Al anunciar su fallecimiento, su familia comunicó los últimos deseos del escritor: que no se realizara una ceremonia pública en su funeral y que su cuerpo fuera incinerado. Ambos deseos fueron fielmente cumplidos por sus deudos.

El segundo fue la muerte del Papa Francisco el 21 de abril de 2025. En los días posteriores a su deceso, se reveló que, en un testamento de voluntad anticipada fechado el 29 de junio de 2022, el Papa expresó sus deseos acerca del lugar exacto en donde debía ser sepultado. Él ordenó en ese documento que sus restos debían ser enterrados en la Basílica de Santa María la Mayor. Al respecto, escribió: «Solicito que mi tumba se prepare en el nicho funerario de la nave lateral, entre la Capilla Paulina (Capilla de la Salus Populi Romani) y la Capilla Sforza de la Basílica, como se muestra en el plano adjunto». Escribió también que la tumba debía estar enterrada, sencilla, sin ornamentación particular, y llevar únicamente una inscripción: *Franciscus*.

Con respecto a las instrucciones en caso de perder la consciencia, su médico personal, Sergio Alfieri, dijo en una nota a la agencia EFE que, al ser llamado a verlo a las cinco y treinta de la mañana del día de su muerte, él decidió no llevarlo al hospital, pues el Papa había expresado siempre sus deseos de «morir en casa». Más aún, Alfieri relató que, durante su última hospitalización, Francisco había solicitado no ser intubado ni ser sometido a actos de ensañamiento terapéutico. El Papa había relatado en su autobiografía que no le tenía miedo a la muerte, pero sí al dolor.

Es muy aleccionador saber que el Papa Francisco dio las mismas instrucciones para el final de su vida que el entonces Papa Juan Pablo II, quien, al ponerse grave en su habitación en el 2005, les pidió a sus médicos que no lo reingresaran al hospital del cual había salido unos días antes. Juan Pablo II les dijo: «Déjenme ya ir a la casa del Padre, basta ya de sufrimiento, no quiero regresar al hospital, déjenme morir aquí, en mi cama, en mi habitación y rodeado de los que más quiero».

Nuestra idea al escribir esta parte del cuaderno, amable lector, es que todos podamos tener la oportunidad y libertad de expresar de una manera clara nuestras disposiciones finales con relación a los últimos días de nuestra vida, e incluso poder dar disposiciones relacionadas a nuestros funerales. ¿Quiero ser intubado? ¿Quiero ser resucitado? ¿Quiero que mis órganos sean donados? ¿Quiero que me entierren o que me incineren? No hay respuestas correctas o incorrectas. Usted, amable lector, es la única persona en el mundo que tiene respuesta a esas preguntas.

En esta parte usted podrá escribir sobre sus deseos de resucitación, si desea que sus órganos sean donados y si desea que su cuerpo sea sepultado o cremado. Esto le permitirá dejar estrictas especificaciones a sus seres queridos y le asegurará que nuestra última voluntad sea cumplida por los profesionales de la salud que nos cuidan. Esta información es parecida a la que se encontraría en un testamento de voluntad anticipada. Al final del libro, hemos dejado el modelo de testamento de voluntad anticipada hecho en México, adoptado en 2008, en el Apéndice 1, y el elaborado por la Conferencia Episcopal Española en 2021, en el Apéndice 2.

Esta parte del libro también nos ofrece la oportunidad de escribir cartas íntimas de despedida a los amigos y familiares más queridos y redactar en nuestras propias palabras un obituario, que exprese el modo en que nos gustaría que nos recuerden después de nuestra partida. ¿Cómo ha sido nuestra vida? ¿Hemos hecho cosas por las que queremos que nos recuerden? ¿Hay cosas de las que estamos orgullosos? ¿Hay cosas de las que nos arrepentimos? ¿Cuáles quisiéramos que sean nuestras últimas palabras y deseos para nuestra familia? Esta parte es muy personal y su redacción será por siempre atesorada por nuestra familia.

En esta parte del cuaderno también habrá oportunidad para que —si lo deseamos— dispongamos algunos detalles de nuestro servicio funerario. ¿Queremos que sea en estricto privado o queremos que sea un servicio para quien desee atender? ¿Deseamos que sea atendido por una lista de personas que vamos a proporcionar? ¿Hay alguien que no deseamos que atienda? ¿Deseamos que se muestren ciertas fotografías o videos? ¿Deseamos que se toque cierta música? Es posible que muchas de estas preguntas estén rondando nuestras mentes, y esta parte del cuaderno nos dará la oportunidad de ponerlas por escrito.

Por último, esta parte contiene también instrucciones detalladas sobre la disposición de nuestras adoradas mascotas, las que tal vez nos han acompañado fielmente durante nuestros últimos meses de vida. ¿Quién deberá cuidar de ellas? ¿Podrán ser dadas en adopción?

1. Mis deseos de resucitación

DESEO REANIMACIÓN CARDIOPULMONAR:

☐ SÍ
☐ NO

DESEO RESPIRACIÓN ASISTIDA:

☐ SÍ
☐ NO

DESEO SEDANTES PARA EL DOLOR Y OTROS SÍNTOMAS FÍSICOS:

☐ SÍ
☐ NO

OTROS:

....
....
....
....
....
....
....
....
....

2. Donación de órganos y tejidos

Deseo donar mis órganos y/o tejidos:

☐ Sí
☐ No

Notas:

....

3. La disposición de mi cuerpo

Al fallecer deseo que mi cuerpo sea...

☐ Sepultado
☐ Cremado

Quisiera que mis cenizas sean...

☐ Depositadas en una urna
☐ Esparcidas en:

....

....

....

....

....

4. Mis funerales

Contacto y cobertura de mi seguro funerario

MI FUNERARIA:

....

NOMBRE, DIRECCIÓN Y CONTACTO:

....

....

MI TERRENO ESTÁ EN EL CEMENTERIO:

....

UBICACIÓN DEL ESPACIO:

....

ESTADO DE PAGO:

☐ LIQUIDADO
☐ PAGO PENDIENTE (MONTO): ....

ARREGLOS DECORATIVOS:

....

....

....

....

....

....

....

Música:

....

....

....

....

Invitados:

....

....

....

....

....

....

....

....

....

....

....

....

....

....

....

....

....

....

....

Otros:

....

....

....

....

5. Mi obituario

Cómo quisiera que me recuerden, en mis propias palabras...

....
....
....
....
....
....

PEGUE AQUÍ UNA COPIA DE SU FOTOGRAFÍA FAVORITA.

6. Cartas a amigos y familiares

Querido/a...

Querido/a...

Querido/a...

Querido/a...

Querido/a...

7. Cuando deje este mundo, quisiera que este libro lo lean...

8. Mis últimos deseos y palabras

Firma: ....

Fecha: ....

PALABRAS FINALES

Es muy difícil justificar el solicitarle a alguien que ejecute un acto que lo confronte directamente con su propia muerte. En este caso, es muy difícil pedirle a usted, amable lector, que llene un cuaderno en el que realice un resumen de su existencia y contenga sus últimas disposiciones de vida.

¿Cómo justificar un acto tan íntimo y conmovedor? ¿Cómo racionalizar un acto que lo confronta con su propia muerte?

Un modo de hacerlo es pensando que es el ejercicio de la libertad fundamental que tenemos los seres humanos de decidir cada momento de nuestra vida, el que incluye la libertad de decidir también los últimos momentos de nuestra existencia.

Otro modo de racionalizar el enfrentarse a la propia muerte es sentir que el contenido de este cuaderno quedará como un precioso legado y un verdadero acto de amor y consideración para con los familiares que nos sobreviven.

Me pongo a pensar en los hijos y nietos que en íntimos momentos de recordación lean las páginas del cuaderno y se enternezcan por lo que hayamos dejado por escrito.

Trascender es tener la certeza de que los detalles de nuestra existencia tendrán un impacto amoroso en la vida de los que nos rodeaban.

Y, por último, quiero recordarle que, hasta que le llegue la muerte, viva su vida como le plazca. Porque al final de la jornada, cuando le toque morir, nadie morirá por usted.

APÉNDICE 1

Modelo de testamento de voluntad anticipada (México, 2008)

El que suscribe, con la capacidad para tomar una decisión de manera libre, consciente, y con la información suficiente, que me ha permitido reflexionar, manifiesto que se me ha explicado la enfermedad que padezco, la cual ya no responde a tratamiento curativo, por lo que se beneficia de atención paliativa de tal manera que expreso los criterios y las instrucciones que deseo que se tengan en cuenta, sobre los cuidados que deseo recibir en el fin de mi vida, por mi derecho conforme a la Ley General de Salud en su Art. 166 Bis 4, así como el Reglamento de la Ley General de Salud, en materia de Prestación de Servicios de Atención Médica Art. 138 Bis 2 y la Ley de Salud de la Ciudad de México en el Capítulo XXIX de Voluntad Anticipada y Cuidados Paliativos en su Art. 149, así como en las demás legislaciones aplicables para dicho efecto, expreso mi decisión para ser sometido o no a medios, tratamientos o procedimientos médicos que pretendan prolongar mi vida, protegiendo en todo momento mi dignidad, haciendo valer mi derecho doy a conocer las medidas que acepto o rechazo.

Manifestación para donación de órganos.

SÍ	**NO**
☐	☐

Reanimación cardiopulmonar. Procedimientos técnicos (manuales, farmacológicos y por desfibrilación cardiaca) que pueden restaurar la capacidad respiratoria y el movimiento del corazón cuando los latidos se detienen.

SÍ ☐ **NO** ☐

Respiración asistida. Procedimiento en el que un paciente es intubado y conectado a un ventilador o respirador para mantener la función respiratoria (C-Pap, Bi-Pap).

SÍ ☐ **NO** ☐

Apoyo nutricional especializado. Líquidos/alimentos artificiales que se introducen por sonda y llegan hasta el estómago o el intestino delgado.

SÍ ☐ **NO** ☐

Recibir medicamentos para el dolor y otros síntomas físicos.

SÍ ☐ **NO** ☐

Sedación paliativa. Procedimiento que se utiliza para reducir la consciencia y así aliviar los síntomas que no pueden ser controlados con uno o varios tratamientos específicos.

SÍ ☐ **NO** ☐

APÉNDICE 2

Declaración de instrucciones previas y voluntades anticipadas (Conferencia Episcopal Española, 2021)

A mi familia, al personal sanitario, a mi párroco o al capellán católico:

Si me llega el momento en que no pueda expresar mi voluntad acerca de los tratamientos médicos que se me vayan a aplicar, deseo y pido que esta declaración sea considerada como expresión formal de mi voluntad, asumida de forma consciente, responsable y libre, y que sea respetada como documento de instrucciones previas, testamento vital, voluntades anticipadas o documento equivalente legalmente reconocido.

Considero que la vida en este mundo es un don y una bendición de Dios, pero no es el valor supremo absoluto. Sé que la muerte es inevitable y pone fin a mi existencia terrena, pero desde la fe creo que me abre el camino a la vida que no se acaba, junto a Dios.

Por ello, yo, el que suscribe, ...,
de sexo ...., nacido en ....
con fecha ...., con DNI o pasaporte N.º ....
y tarjeta sanitaria o código de identificación personal N.º..,
de nacionalidad ....,
con domicilio en (calle, número, ciudad) ....
....
y con número de teléfono ....

Que tengo la capacidad legal necesaria y suficiente para tomar decisiones libremente, actúo de manera libre en este acto concreto y no he sido incapacitado/a legalmente para otorgar el mismo:

Pido que, si llegara a padecer una enfermedad grave e incurable o a sufrir un padecimiento grave, crónico e imposibilitante o cualquier otra situación crítica, que se me administren los cuidados básicos y los tratamientos adecuados para paliar el dolor y el sufrimiento; que no se me aplique la prestación de ayuda a morir en ninguna de sus formas, sea la eutanasia o el «suicidio médicamente asistido», ni que se me prolongue abusiva e irracionalmente mi proceso de muerte.

Pido igualmente ayuda para asumir cristiana y humanamente mi propia muerte, y para ello solicito la presencia de un sacerdote católico y que se me administren los sacramentos pertinentes.

Deseo poder prepararme para este acontecimiento final de mi existencia, en paz, con la compañía de mis seres queridos y el consuelo de mi fe cristiana.

Suscribo esta declaración después de una madura reflexión. Y pido que los que tengáis que cuidarme respetéis mi voluntad.

Designo para velar por el cumplimiento de esta voluntad, cuando yo mismo no pueda hacerlo, a ...., DNI ...., con domicilio en .... y teléfono ...., y designo como sustituto de este representante legal para el caso de que este no pueda o quiera ejercer esta representación a ...., DNI ...., con domicilio en .... y teléfono .... Faculto a estas mismas personas para que, en este supuesto, puedan tomar en mi nombre las decisiones pertinentes.

En caso de estar embarazada, pido que se respete la vida de mi hijo.

Soy consciente de que os pido una grave y difícil responsabilidad. Precisamente para compartirla con vosotros y para atenuaros cualquier posible sentimiento de culpa o de duda, he redactado y firmo esta declaración.

Firma: ....

Fecha: .... DNI: ....